El cuidado de las mascotas

Los perros labradors

Kelley MacAulay y Bobbie Kalman

Fotografías de Marc Crabtree

Crabtree Publishing Company

www.crabtreebooks.com

Los perros labradors
Un libro de Bobbie Kalman

Dedicado por Margaret Amy Salter
Para Gene Prall, quien se encuentra en una mágica aventura con su perro labrador, Casey.

Editora en jefe
Bobbie Kalman

Equipo de redacción
Kelley MacAulay
Bobbie Kalman

Editora de contenido
Kathryn Smithyman

Editores
Molly Aloian
Michael Hodge
Robin Johnson
Rebecca Sjonger

Diseño
Katherine Kantor

Coordinación de producción
Heather Fitzpatrick

Investigación fotográfica
Crystal Foxton

Consultor
Dr. Michael A. Dutton, DVM, DABVP, Weare Animal Hospital, www.weareanimalhospital.com

Consultor lingüístico
Dr. Carlos García, M.D., Maestro bilingüe de Ciencias, Estudios Sociales y Matemáticas

Agradecimiento especial a
Alexander Makubuya, Lakme Mehta-Jones, Owen Mehta-Jones, Shilpa Mehta-Jones, Samara Parent, Bailee Setikas, Shelbi Setikas, Sheri Setikas, Katrina Sikkens, Judy Lewandowski y Buckley, Cindy Parson y Lily, Julie Plata y Jake

Fotografías
Todas las fotografías son de Marc Crabtree, a excepción de:
© Lisa Roy. Imagen de BigStockPhoto.com: página 26
Bruce Coleman Inc.: Gail M. Shumway: página 27
Phanie/Photo Researchers, Inc.: página 7
Comstock: página 18 (leche, carne y huevo)
Ingram Photo Objects: página 18 (chocolate)
Photodisc: páginas 4 y 18 (parte superior)

Ilustraciones
Margaret Amy Salter: página 18

Traducción
Servicios de traducción al español y de composición de textos suministrados por translations.com

---

Library and Archives Canada Cataloguing in Publication

MacAulay, Kelley
    Los perros labrador / Kelley MacAulay y Bobbie Kalman.

(El cuidado de las mascotas)
Includes index.
Translation of: Labrador Retrievers.
ISBN 978-0-7787-8460-9 (bound)
ISBN 978-0-7787-8482-1 (pbk.)

    1. Labrador retriever--Juvenile literature. I. Kalman, Bobbie, 1947-
II. Title. III. Series: Cuidado de las mascotas

SF429.L3M3318 2007   j636.752'7   C2007-900437-7

Library of Congress Cataloging-in-Publication Data
MacAulay, Kelley.
[Labrador Retrievers Spanish]
Los perros labrador / Kelley MacAulay y Bobbie Kalman.
    p. cm. -- (El cuidado de las mascotas)
Includes index.
ISBN-13: 978-0-7787-8460-9 (rlb)
ISBN-10: 0-7787-8460-6 (rlb)
ISBN-13: 978-0-7787-8482-1 (pb)
ISBN-10: 0-7787-8482-7 (pb)
1. Labrador retriever--Juvenile literature. I. Kalman, Bobbie. II. Title.
III. Series.

SF429.L3M3318 2007
636.752'7--dc22
                                                    2007002067

Crabtree Publishing Company

www.crabtreebooks.com   1-800-387-7650

Copyright © 2007 CRABTREE PUBLISHING COMPANY. Todos los derechos reservados. Se prohíbe la reproducción total o parcial de esta obra, su almacenamiento en un sistema de recuperación o su transmisión en cualquier forma y por cualquier medio, ya sea electrónico o mecánico, incluido el fotocopiado o grabado, sin la autorización previa por escrito de Crabtree Publishing Company. En Canadá: Agradecemos el apoyo económico del gobierno de Canadá a través del programa *Book Publishing Industry Development Program* (Programa de desarrollo de la industria editorial, BPIDP) para nuestras actividades editoriales.

Publicado en Canadá
Crabtree Publishing
616 Welland Ave.
St. Catharines, ON
L2M 5V6

Publicado en los Estados Unidos
Crabtree Publishing
PMB16A
350 Fifth Ave., Suite 3308
New York, NY 10118

Publicado en el Reino Unido
Crabtree Publishing
White Cross Mills
High Town, Lancaster
LA1 4XS

Publicado en Australia
Crabtree Publishing
386 Mt. Alexander Rd.
Ascot Vale (Melbourne)
VIC 3032

Contenido

¿Qué son los perros labrador?	4
Perros de trabajo	6
¿La mejor mascota para ti?	8
El labrador perfecto	10
Labradores pequeños	12
Prepárate para tu labrador	14
Espacio para moverse	16
Alimento para labradores	18
Buen aseo	20
Entrenamiento importante	22
¡Hora de jugar!	24
Súper nadadores	26
Medidas de protección	28
Visita al veterinario	30
Palabras para saber e índice	32

¿Qué son los perros labrador?

Los perros labrador o "labradores" son una clase de perros. Los perros son **mamíferos**. Los mamíferos son animales que tienen **columna vertebral**. La columna vertebral es un conjunto de huesos que se encuentra en la parte media de la espalda de un animal. Los mamíferos tienen pelo o pelaje en el cuerpo y sus crías beben leche del cuerpo de la madre.

El cuerpo de un labrador

Labradores adorables

Los labradores son perros grandes y fuertes. Crecen hasta medir de 21 a 25 pulgadas (53 a 64 cm) de altura. La mayoría pesa entre 55 y 75 libras (25 a 34 kg). Sin embargo, los machos pueden pesar más de 100 libras (45 kg). Los labradores tienen pelaje de color negro, amarillo o **chocolate**. Los que tienen pelaje de color chocolate son marrones.

*Algunas personas creen que el color del pelaje de un labrador **afecta** su personalidad. Por ejemplo, piensan que los labradores negros son más protectores que los de color amarillo o chocolate. ¡Eso no es cierto! El color del pelaje de un labrador no afecta su personalidad.*

Perros de trabajo

Los labradores vinieron de Terranova, Canadá. Hace cientos de años, los labradores eran perros muy comunes entre los **pescadores** de Terranova. Estos perros ayudaban a los pescadores a sacar pesadas redes llenas de peces de los ríos y de los arroyos. Los labradores también se tiraban al agua para **recuperar** o traer peces que se escapaban de las redes. Muchos cazadores también usaban labradores. Después de que los cazadores les disparaban a los pájaros, los labradores corrían para traerlos.

A las personas les gusta trabajar con labradores porque la mayoría son perros amistosos. Por esta razón, también son muy comunes como mascotas.

Siguen trabajando

En la actualidad, muchos labradores tienen trabajos importantes. Más de la mitad de los **perros guía** de América del Norte son labradores. Los perros guía reciben un **entrenamiento** especial para ayudar a personas que tienen **discapacidades físicas**. Muchos labradores también son **perros de terapia**, es decir, perros que las personas llevan a los hospitales para alegrar a los pacientes.

A los perros guía los crían y los entrenan voluntarios. Una vez entrenados, los llevan a vivir con personas que tienen discapacidades físicas.

Súper olfato

A algunos labradores los entrenan para ayudar a las personas en **emergencias**. Por ejemplo, muchas veces los labradores pueden ayudar a encontrar personas que quedaron atrapadas por **avalanchas**. Los perros pueden encontrar, mediante el olfato, a personas que están atrapadas bajo la nieve.

¿La mejor mascota para ti?

Los labradores son maravillosos como mascota. Son leales, mansos, divertidos y les gusta jugar. Sin embargo, cuidarlos no es fácil. Necesitan mucha atención. No les gusta estar solos. También tienen mucha energía. Un labrador necesita hacer mucho ejercicio todos los días. También tendrás que dedicar tiempo para entrenar a tu perro.

Para mantener contento y sano a un labrador se requiere de mucho trabajo.

¿Estás listo?

Antes de decidir conseguir un labrador, reúne a tu familia y respondan a estas preguntas.

- Los labradores necesitan espacio para correr. ¿Tienes suficiente espacio?

- ¿Quién le dará de comer todos los días?

- A los labradores les gusta estar con la gente. ¿Habrá alguien en casa con él durante el día?

- Los labradores necesitan alimentos sanos y muchos juguetes. ¿Tu familia está preparada para comprarle alimento, cuidarlo y entretenerlo?

- A los labradores hay que **acicalarlos**, es decir, cepillarlos y bañarlos. ¿Estás dispuesto a mantenerlo limpio?

- Los labradores mudan bastante el pelaje. ¿Limpiarás todos los días lo que ensucie?

Los labradores viven entre diez a trece años. ¿Estás dispuesto a cuidarlo muchos años?

El labrador perfecto

Antes de comprar un labrador, pregúntales a tus amigos y al **veterinario** si saben de algún labrador que quieran regalar. Puedes visitar los **refugios para animales** de tu región para ver si hay algún labrador. También puedes comprar uno a un **criador** o en una tienda de mascotas. ¡Asegúrate de obtener un labrador de alguien que cuida bien a los animales!

Pruebas documentadas

Para tener la seguridad de que tu labrador sea de **pura raza**, trata de obtenerlo de un criador. Un perro de pura raza tiene padres y abuelos de la misma **raza** o de la misma clase. El criador debe darte documentos que demuestren que los padres y abuelos del labrador también fueron labradores.

Cómo elegir tu labrador

Asegúrate de elegir un labrador que sea saludable y al que parezcas gustarle. El labrador que elijas:

- debe tener mucha energía
- debe tener dientes limpios
- debe tener ojos limpios y brillantes
- debe tener orejas limpias y sin cera adentro
- debe tener hocico, trasero y pelaje limpios
- no debe tener heridas en la piel
- debe tener un pelaje liso y brillante y no debe tener zonas sin pelo

Tratar de estar un tiempo con un labrador antes de elegirlo como tu mascota.

Labradores pequeños

Cuando elijas tu labrador, tendrás que decidir si prefieres un perro adulto o un **cachorro**. Un cachorro es una cría de perro. Los cachorros son lindos y muy divertidos. ¡Les encanta jugar! Sin embargo, es más difícil cuidar cachorros que perros adultos.

Necesidades de los cachorros

Un cachorro necesita tener gente a su alrededor todo el tiempo. Posiblemente ladre mucho durante la noche o muerda cosas que hay en tu casa. Hay que alimentarlo varias veces al día. Si tú y tu familia no tienen mucho tiempo para cuidar un cachorro, tal vez sea mejor conseguir un labrador más viejo.

Es fácil crear un vínculo fuerte con un cachorro. Sin embargo, recuerda que debes seguir queriéndolo cuando crezca. Los labradores adultos también son lindos y divertidos.

Educación

Si eliges un labrador más viejo, es posible que ya esté **educado**. Los perros que están educados saben que deben salir para ir al baño. Si eliges un cachorro, tendrás que educarlo. Aproximadamente diez minutos después de que coma o beba, ponle la correa y llévalo afuera, siempre al mismo lugar. Felicítalo cuando salga para ir al baño. Si eres **constante** en el entrenamiento, tu cachorro aprenderá a llamar tu atención cuando necesite salir.

Ten paciencia mientras estés educando a tu labrador. Mientras esté aprendiendo, debes proteger los pisos de tu casa con papel.

Prepárate para tu labrador

Necesitarás determinados objetos para cuidar a tu labrador adecuadamente. Asegúrate de tenerlos todos antes de llevar el labrador a casa.

Tu labrador necesitará un tazón para el agua y otro para el alimento.

Cómprale algunas golosinas. Puedes usarlas como recompensa cuando lo entrenes.

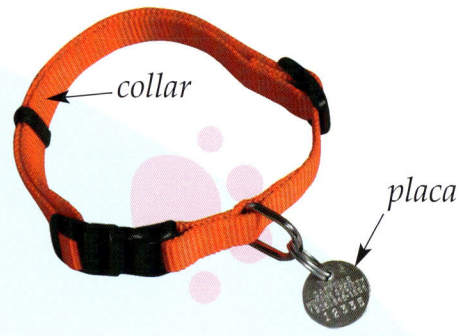

*Tu mascota siempre debe usar un **collar** con una **placa** donde aparezca tu número telefónico. También puedes usar un **microchip**. Si la mascota se pierde, la persona que la encuentre puede utilizar la placa o el microchip para devolvértela.*

*Un perro grande, como un labrador, es más fácil de pasear si usa un **arnés**. El arnés se amarra rodeando la parte delantera del cuerpo del labrador.*

Colócale una correa al arnés para evitar que el labrador se escape.

El labrador debe tener su propia cama para dormir.

*También le encantará tener un **cajón** grande para usar como **guarida** o lugar seguro.*

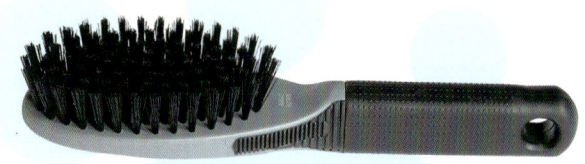

*Además, debes cepillarle el pelaje con un **cepillo de cerdas**.*

También necesitará tener su propio cepillo de dientes.

*Trata de conseguir un **cortaúñas** para perros para cortarle las uñas a tu labrador.*

A los labradores les encantan los juguetes. Al tuyo le gustará tener juguetes para masticar y pelotas y discos voladores (frisbees) para perseguir.

15

Espacio para moverse

Los labradores necesitan mucho espacio. Les gusta correr y jugar, tanto dentro como fuera de la casa. El mejor hogar para un labrador es una casa en el campo con mucho terreno cercado. También será feliz en una casa que tenga un jardín cercado. Si vive en un apartamento, necesitará hacer mucho ejercicio todos los días.

Los labradores tienen una cola muy fuerte y con facilidad pueden tirar cosas de las mesas y de los estantes bajos. ¿Tienes suficiente espacio en tu casa para un labrador?

Corre, corre, corre

Una caminata corta alrededor de la manzana no será suficiente ejercicio para un labrador. ¡Estos perros necesitan correr! Darle tiempo al perro para que corra al aire libre no es una recompensa, es una necesidad. Los labradores suben de peso fácilmente. Si no realiza la cantidad suficiente de ejercicio, pronto tendrá exceso de peso. Los labradores con sobrepeso no son tan sanos como los que están en forma. Además, correr lo ayudará a estar contento.

Al labrador le encantará pasar tiempo contigo al aire libre. Debes llevarlo a correr todos los días. Correr también te ayudará a mantenerte sano.

Alimento para labradores

A los labradores les encanta comer. Pregúntale a tu veterinario qué alimento debes darle. Un labrador necesita un alimento para perros que sea completo y balanceado, adecuado para su estilo de vida. Por ejemplo, un labrador joven y activo debe comer un alimento que esté hecho para perros activos.

El labrador necesita tener siempre un tazón con agua limpia y fresca. Debes cambiarle el agua todos los días.

Alimentos peligrosos

Algunos alimentos no son buenos para un labrador. Lee con atención la siguiente lista de recomendaciones.

- Nunca le des un hueso para masticar. El labrador podría ahogarse con él.

- No es bueno que los perros coman chocolate, ni siquiera un poco.

- Los **productos lácteos**, la carne cruda y los huevos crudos pueden enfermar al labrador.

Dos comidas

Los labradores comen rápido. Cuando comen demasiado rápido, se les **infla** o hincha el estómago. Si se les infla demasiado, pueden enfermarse. Dale dos comidas por día. Así no estará tan hambriento y comerá más despacio.

Cachorros hambrientos

Un labrador cachorro necesita tres comidas por día hasta cumplir cinco meses de edad. Para alimentar a tu cachorro, agrega un poco de agua caliente al **alimento granulado** o alimento seco para perros, para ablandarlo. Déjalo enfriar. Luego, agrega un poco de alimento enlatado para perros. Cuando el cachorro cumpla seis meses, comienza a alimentarlo dos veces por día.

Dale alimento granulado para perros adultos a tu cachorro. El alimento granulado para cachorros tiene mucha grasa y puede hacer que engorde mucho.

Buen aseo

Los labradores tienen pelaje corto, que es más fácil de cuidar. De todas maneras, debes asearlo todos los días. Pídele a un adulto que te ayude con algunas de estas tareas.

Sólo debes bañarlo si el pelaje tiene un olor fuerte. El pelaje de un labrador tiene aceites que lo ayudan a mantenerse sano. Si lo bañas muy seguido, le quitarás esos aceites.

Cepilla al labrador suavemente con un cepillo de cerdas. Hay que cepillarlo al menos una vez por semana, pero es mejor hacerlo todos los días.

Cómo cortarle las uñas

Un adulto debe cortarle las uñas a tu labrador con una frecuencia de semanas. Debe hacerlo con un cortaúñas para perros. Sólo se debe cortar una pequeña parte en el extremo de cada uña. Si se corta demasiado, saldrá sangre de la uña. Si esto sucede, debes usar **polvo astringente** para detener el sangrado. Si el sangrado continúa, debes llevarlo de inmediato al veterinario.

Las orejas de los labradores suelen acumular agua. Usa un paño húmedo para limpiar suavemente la parte inferior de las orejas de tu mascota todos los días. Luego, observa el interior de las orejas. Si hay mucha cera, llévalo al veterinario.

Cepíllale los dientes todos los días con un cepillo de dientes y una pasta dental para perros.

21

Entrenamiento importante

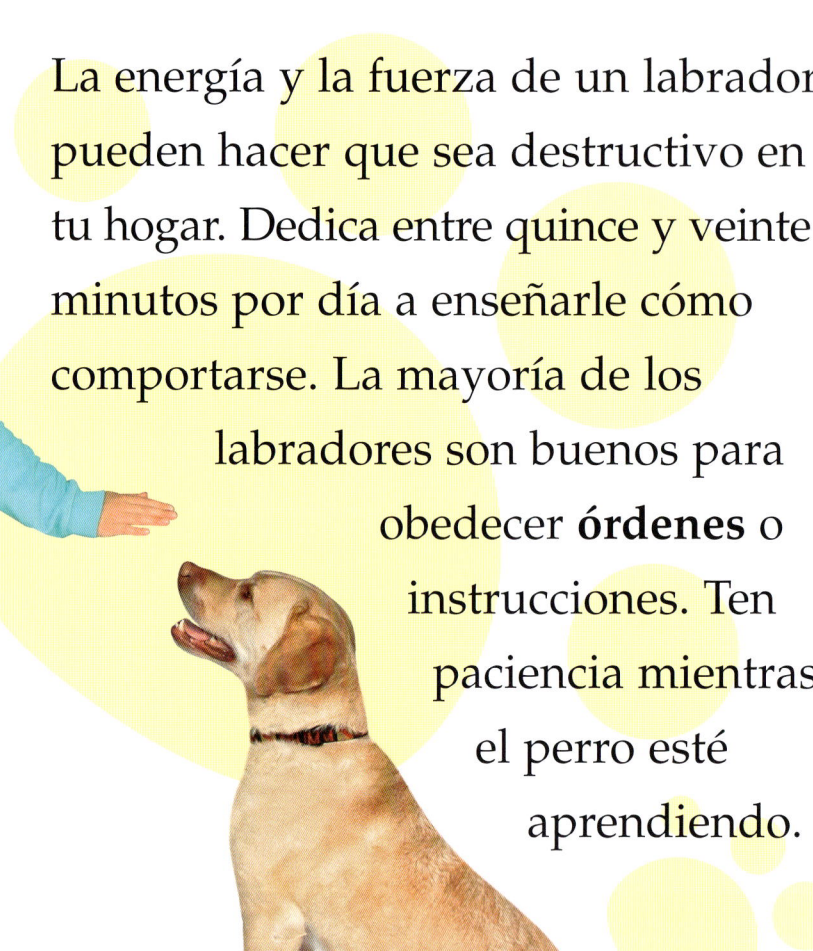

La energía y la fuerza de un labrador pueden hacer que sea destructivo en tu hogar. Dedica entre quince y veinte minutos por día a enseñarle cómo comportarse. La mayoría de los labradores son buenos para obedecer **órdenes** o instrucciones. Ten paciencia mientras el perro esté aprendiendo.

¡Quieto!

Debes entrenar al labrador para que se quede quieto. Usa recompensas para ayudarlo a aprender. Muéstrale una recompensa. Empuja suavemente el trasero de la mascota hacia abajo hasta que se siente. Míralo a los ojos y dile, "quieto". Mantén la mano abierta delante de ti con la palma hacia el labrador cuando digas "quieto". Retrocede unos pasos. Después de un minuto, llámalo, dale la recompensa y felicítalo mucho.

Aprender lleva tiempo

A medida que entrenes al labrador, recuerda que éste quiere complacerte. Felicítalo cada vez que se porta bien. Si no lo hace, ten paciencia. Nunca le grites ni lo golpees. Estas acciones harán que te tenga miedo.

Destina tiempo para jugar con él todos los días después del entrenamiento. Pronto querrá que lo sigas entrenando.

¡Hora de jugar!

A los labradores les encanta perseguir y masticar objetos. Asegúrate de que tu labrador tenga alrededor de cinco juguetes con los que pueda jugar. Si le das más de cinco, tratará todo lo que lo rodea como si fuera un juguete. Ten más juguetes para perros guardados en un armario. Cámbiaselos aproximadamente una vez por mes para que no pierda el interés.

Los juguetes de goma no son peligrosos para que el perro los mastique. Puedes poner comida en algún juguete de goma hueco para masticar. El perro se mantendrá ocupado tratando de obtener la recompensa.

¡Tráelo!

Los labradores son excelentes para jugar a **traer objetos**. Para ello, debes lanzar una pelota o un disco volador y pedirle que te lo traiga. Es posible que quiera que lo persigas para recuperar el juguete. ¡No lo hagas! Perseguirlo para obtener el juguete hará que éste parezca algo especial y, por eso, la mascota querrá quedarse con él. En cambio, extiende la mano y dile que te dé el juguete. Si obedece, dale palmaditas en la cabeza y felicítalo.

Jugar a correr en busca de objetos ayuda al labrador a gastar parte de su energía.

Las escondidas

El labrador también se divertirá jugando a las escondidas contigo. Pídele a un amigo que detenga a tu labrador mientras te escondes dentro de tu hogar. Luego, llama a tu perro. Se divertirá tratando de encontrarte.

Cuando te encuentre, recompénsalo con una golosina.

25

Súper nadadores

Nadar es una manera divertida para que el labrador haga ejercicio. Estos perros son excelentes nadadores. Tienen una **membrana** entre los dedos. Esa membrana es piel adicional que les permite usar sus patas como remos para moverse fácilmente en el agua. El pelaje aceitoso de estos perros también permite que el agua se deslice, lo cual los ayuda a mantener el calor dentro del agua.

A los labradores les encanta nadar en las playas.

Empezar despacio

Si tu labrador nunca ha estado en el agua, es posible que al principio tenga miedo de nadar. Nunca lo obligues a meterse en el agua. Llévalo a la playa y déjalo que te siga al agua. Nada y déjalo que te siga. En poco tiempo, tu perro será el primero en meterse al agua.

Reglas de seguridad

Es probable que a tu labrador le encante nadar, pero debes verificar que esté seguro. Sigue estas reglas para que tu labrador no corra peligro cerca del agua.

- Nunca lo dejes nadar en aguas que tengan **corrientes** fuertes. Las corrientes son olas con mucha fuerza que pueden empujarlo hacia lo profundo del agua.

- Nunca lo dejes nadar en agua sucia.

- Nunca lo dejes nadar solo. Vigílalo de cerca cuando esté en el agua.

- No permitas que pase mucho tiempo nadando. Es posible que no se dé cuenta de que está demasiado cansado para seguir nadando.

- Si el labrador está nadando en una piscina, asegúrate de que tenga una forma fácil de salir del agua. Báñalo después de que haya nadado en una piscina.

Medidas de protección

La mayoría de los labradores son amistosos; de todas maneras, debes respetar su **territorio** o espacio personal. Puede enojarse si tratas de quitarle lo que está comiendo o el juguete con el que está jugando. Podría llegar a morderte para proteger su espacio. Debes entrenarlo para que comparta su territorio contigo y con el resto de tu familia.

No molestes a tu labrador mientras está comiendo. Cuando haya terminado, estará muy contento de jugar contigo.

Estar atento

Es posible que tu labrador te advierta que se está enojando. Si se está preparando para atacar, tal vez te muestre los dientes y te mire fijamente. Si esto sucede, no lo mires a los ojos. Permanece quieto y deja los brazos a los costados. Di "perrito bueno" con una voz tranquilizadora para tratar de calmarlo. No corras ni le grites. Cuando se calme, cuéntale a un adulto cómo se comportó el perro.

Sé amable con tu labrador. Si lo tratas con amabilidad, él te tratará de la misma manera.

Visita al veterinario

Apenas tengas a tu labrador, llévalo al veterinario. Él lo revisará para asegurarse de que esté sano. Cuando sea necesario, le inyectará **vacunas**. Las vacunas ayudarán a proteger a tu perro de las enfermedades. Llévalo al veterinario una vez por año para que le haga una revisión general.

¡No quiero crías!

Debes llevar a tu labrador a que lo **castren**. Un perro castrado no puede tener crías. Si le permites tener cachorros, tendrás que esforzarte para encontrar buenos hogares para estas crías.

A medida que envejecen, muchos labradores comienzan a tener problemas de cadera que les dificultan caminar. El veterinario podrá tratar los problemas de cadera de tu labrador.

30

Señales de advertencia

Si tu labrador parece enfermo, llévalo de inmediato al veterinario. Pon atención a señales de advertencia como las que se enumeran a continuación.

- Llévalo al veterinario de inmediato si vomita, se desmaya o cojea.

- Si le encuentras bultos en el cuerpo, puede estar enfermo.

- Si tiene las orejas o los ojos rojos o sucios, es posible que esté enfermo.

- Un labrador enfermo tal vez beba más agua de lo que acostumbra. También puede dejar de comer.

- Tu labrador puede estar enfermo si pierde pelaje, duerme más de lo habitual o no quiere jugar.

Si lo cuidas bien y le das mucho amor, tu labrador formará parte de tu familia durante muchos años.

31

Palabras para saber

Nota: Es posible que las palabras en negrita que están definidas en el libro no aparezcan en esta página.

afectar Tener influencia o producir un efecto sobre algo

avalancha (la) Gran cantidad de nieve que desciende repentinamente por la ladera de una montaña

constante Comportamiento que no cambia con el paso del tiempo

criador (el) Persona que reúne perros para que tengan crías

discapacidad física (la) Condición física que limita los movimientos de una persona

emergencia (la) Situación peligrosa e inesperada

entrenar Enseñarle a un perro cómo comportarse

microchip (el) Pequeño dispositivo colocado debajo de la piel de un animal

pescador (el) Persona que pesca

polvo astringente (el) polvo utilizado para detener el sangrado de las uñas de un perro

productos lácteos (los) Alimentos hechos con leche y derivados de la leche

refugio de animales (el) Lugar donde cuidan animales que no tienen dueño

vacuna (la) Sustancia para proteger el cuerpo contra enfermedades

veterinario (el) Un médico que atiende animales

Índice

agua 6, 14, 18, 19, 21, 26, 27, 31
alimento 9, 14, 18-19, 24, 28
aseo 9, 20-21
cachorros 12-13, 19, 30
caminar 14, 17, 30
cola 4, 16

correas 13, 14
dientes 11, 15, 21, 29
educación 13
ejercicio 8, 16, 17, 26
entrenamiento 7, 8, 13, 14, 22-23, 28
juguetes 9, 15, 24-25, 28

nadar 26-27
ojos 4, 11, 22, 29, 31
orejas 4, 11, 21, 31
pelaje 4, 5, 9, 11, 15, 20, 26, 31
uñas 4, 15, 21
veterinarios 10, 18, 21, 30-31

Impreso en Canadá